21.
OKTOBER

Das ist dein Tag

DEIN STAMMBAUM

| Urgroßvater | Urgroßmutter | Urgroßvater | Urgroßmutter |

Großmutter
Marther

Großvater
Heinrich Garclemom

VORNAME UND NAME:

....

GEBOREN AM:

....

UHRZEIT:

....

Mutter
Anna Sybille

GEWICHT UND GRÖSSE:

....

STADT:

....

LAND:

....

Ich
Elke Wolsbeck

4

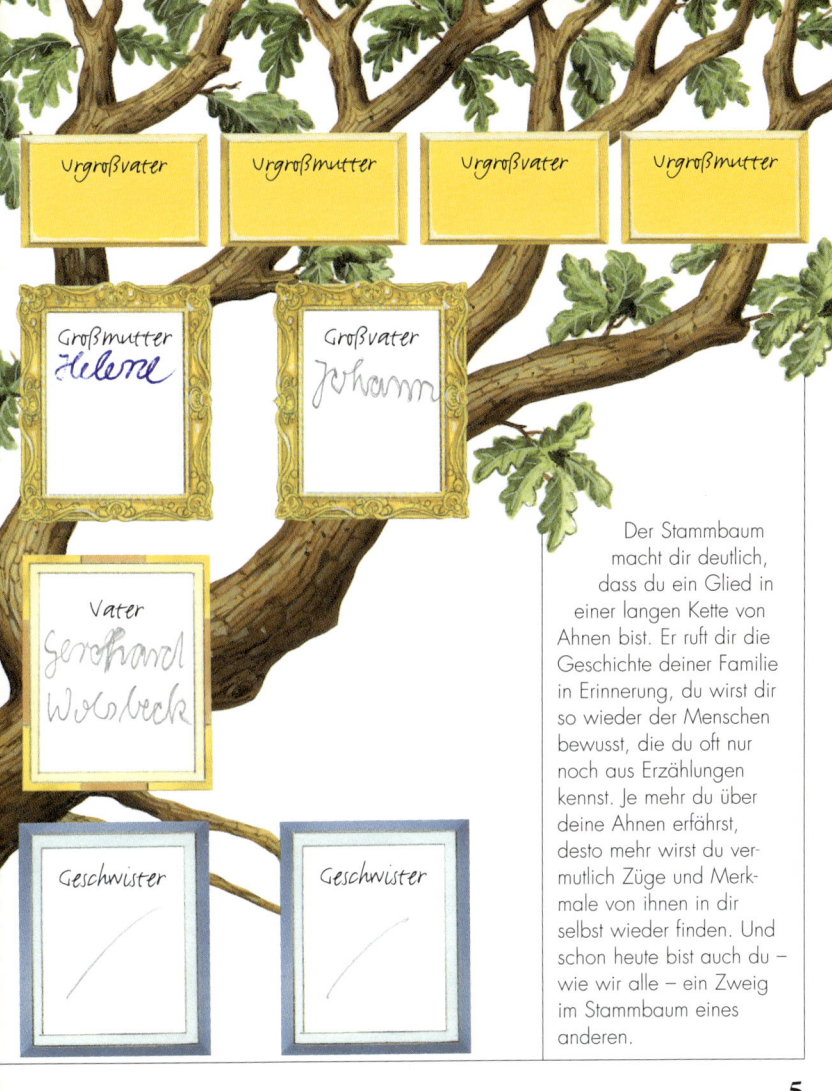

Urgroßvater   Urgroßmutter   Urgroßvater   Urgroßmutter

Großmutter
Helene

Großvater
Johann

Vater
Gerhard
Wolsbeck

Geschwister

Geschwister

Der Stammbaum macht dir deutlich, dass du ein Glied in einer langen Kette von Ahnen bist. Er ruft dir die Geschichte deiner Familie in Erinnerung, du wirst dir so wieder der Menschen bewusst, die du oft nur noch aus Erzählungen kennst. Je mehr du über deine Ahnen erfährst, desto mehr wirst du vermutlich Züge und Merkmale von ihnen in dir selbst wieder finden. Und schon heute bist auch du – wie wir alle – ein Zweig im Stammbaum eines anderen.

DER KREIS DES KALENDERS

Was wären wir ohne unseren Kalender, in dem wir Geburtstage, Termine und Feiertage notieren? Julius Cäsar führte 46 v. Chr. den Julianischen Kalender ein, der sich allein nach dem Sonnenjahr richtete. Aber Cäsar geriet das Jahr ein wenig zu kurz, und um 1600 musste eine Abweichung von zehn Tagen vom Sonnenjahr konstatiert werden. Der daraufhin von Papst Gregor XII. entwickelte Gregorianische Kalender ist zuverlässiger. Erst nach 3.000 Jahren weicht er um einen Tag ab. In Europa setzte er sich jedoch nur allmählich durch. Russland führte ihn zum Beispiel erst 1918 ein, deshalb gibt es für den Geburtstag Peters des Großen zwei verschiedene Daten.

Die Zyklen von Sonne und Mond sind unterschiedlich. Manche Kulturen folgen in ihrer Zeitrechnung und damit in ihrem Kalender dem Mond, andere der Sonne. Gemeinsam ist allen Kalendern, dass sie uns an die vergehende Zeit erinnern, ohne die es natürlich auch keinen Geburtstag gäbe.

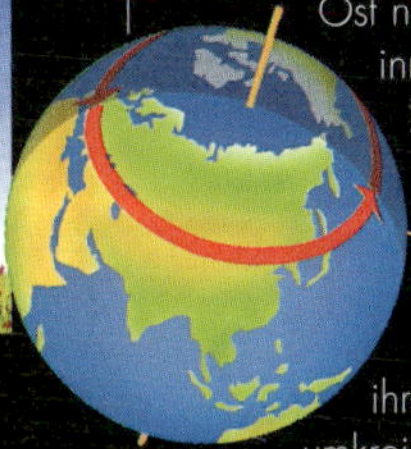

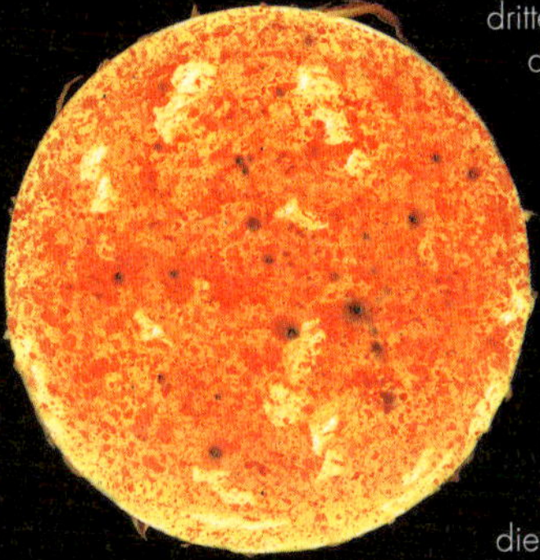

DER KREIS DES KALENDERS

Die Erde dreht sich von Ost nach West innerhalb von 24 Stunden einmal um ihre Achse und umkreist als der dritte von neun Planeten die Sonne. All diese Planeten zusammen bilden unser Sonnensystem. Die Sonne selbst ist ein brennender Ball aus gigantisch heißen Gasen, im Durchmesser mehr als 100-mal größer als die Erde. Doch die Sonne ist nur einer unter aberhundert Millionen Sternen, die unsere Milchstraße bilden; zufällig ist sie der Stern, der unserer Erde am nächsten liegt. Der Mond braucht für eine Erdumrundung etwa 28 Tage, was einem Mondmonat entspricht. Und die Erde wiederum dreht sich in 365 Tagen und sechs

Stunden, etwas mehr als einem Jahr, um die Sonne. Das Sonnenjahr teilt sich in zwölf Monate und elf Tage, weshalb einige Monate zum Ausgleich 31 statt 30 Tage haben.

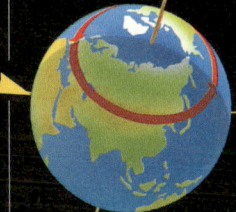

Die Erdhalbkugeln haben konträre Jahreszeiten.

So wirken die Sterne

Die Sonne, der Mond und die Planeten folgen festen Himmelsbahnen, die sie immer wieder an zwölf unveränderten Sternbildern vorbeiführen. Ein vollständiger Umlauf wird in 360 Gradschritte unterteilt. Die Sonne befindet sich etwa einen Monat in jeweils einem dieser Zeichen, was einem Abschnitt von 30 Grad entspricht. Da die meisten dieser Sternkonstellationen von alters her Tiernamen erhielten, wurde dieser regelmäßige Zyklus auch Zodiakus oder Tierkreis genannt.

Schon früh beobachteten die Menschen, dass bestimmte Sterne ganz speziell geformte, unveränderliche Gruppen bilden. Diesen Sternbildern gaben sie Namen aus dem Tierreich oder aus der Mythologie. So entstanden unsere heutigen Tierkreiszeichen, die sich in 4.000 Jahren kaum verändert haben. Die festen Himmelsmarken waren von großem praktischen Wert: Sie dienten den Seefahrern zur Navigation. Zugleich beflügelten sie aber auch die Phantasie. Die Astrologen gingen davon aus, dass die Sterne, zusammen mit dem Mond, unser Leben stark beeinflussen, und nutzten die Tierkreiszeichen zur Deutung von Schicksal und Charakter eines Menschen.

So wirken die Sterne

WIDDER: 21. März bis 20. April

STIER: 21. April bis 20. Mai

ZWILLING: 21. Mai bis 22. Juni

KREBS: 23. Juni bis 22. Juli

LÖWE: 23. Juli bis 23. August

JUNGFRAU: 24. August bis 23. September

WAAGE: 24. September bis 23. Oktober

SKORPION: 24. Oktober bis 22. November

SCHÜTZE: 23. November bis 21. Dezember

STEINBOCK: 22. Dezember bis 20. Januar

WASSERMANN: 21. Januar bis 19. Februar

FISCHE: 20. Februar bis 20. März

Im Zeichen des Mondes

Den Tierkreiszeichen werden jeweils bestimmte Planeten zugeordnet: Dem Steinbock ist der Planet Saturn, dem Wassermann Uranus, den Fischen Neptun, dem Widder Mars, dem Stier Venus und dem Zwilling Merkur zugeordnet; der Planet des Krebses ist der Mond, für den Löwen ist es die Sonne. Manche Planeten sind auch mehreren Tierkreiszeichen zugeordnet. So ist der Planet der Jungfrau wie der des Zwillings Merkur. Der Planet der Waage ist wie bereits beim Stier Venus. Die Tierkreiszeichen Skorpion und Schütze haben in Pluto und Jupiter ihren jeweiligen Planeten.

Der Mond wandert in etwa einem Monat durch alle zwölf Tierkreiszeichen. Das heißt, dass er sich in jedem Zeichen zwei bis drei Tage aufhält. Er gibt dadurch den Tagen eine besondere Färbung, die du als Waage anders empfindest als andere Sternzeichen.

In welchem Zeichen der Mond heute steht, erfährst du aus jedem gängigen Mondkalender. Einer unentschlossenen Waage verleiht der Tag, an dem der Mond im **Widder** steht, die nötige Entschlusskraft. Sie versteht gar nicht mehr, warum sie so gezögert hat. Der Mond im **Stier** kann die Waage zu vielerlei leiblichen und sinnlichen Genüssen

Unser Sonnensystem mit den neun Planeten

verführen. Wenn der Mond im **Zwilling** steht, ist die hohe Kunst der Konversation angesagt, bei der »durch die Blume« so manches verraten wird. Der Mond im **Krebs** macht die Waage endlich so gefühlvoll, wie sie sonst immer zu sein scheint. Der **Löwe**-Mond bringt die Waage zum Strahlen, und ihr Selbstbewusstsein kann sich an diesen Tagen sehen lassen. Mond in der **Jungfrau** macht der Waage unangenehme Detailarbeit etwas erträglicher. Die **Waage**-Tage können für die Waage sehr harmonisch sein. Feingefühl und die Gabe, mit leichter Hand zu geben, machen sie so reizvoll. Wenn sich eine Waage bei **Skorpion**-Mond zu etwas entschlossen hat, erreicht sie es auch, allerdings fast unbemerkt, denn sie verpackt die Faust im Samthandschuh. An **Schütze**-Tagen muss die Waage gründlich überlegen, was sie denn wirklich zum Leben braucht. Der Mond im **Steinbock** nimmt der Waage etwas von ihrem Glanz, lässt sie aber dafür mit möglichen Einschränkungen besser zurechtkommen. **Wassermann**-Tage können bei der Waage das Verlangen nach Unabhängigkeit und neuen Freunden hervorrufen. Der **Fische**-Mond kann die Waage verunsichern. Sie geht sich mit ihrer Unentschlossenheit dann selbst auf die Nerven.

ERKENNE DICH SELBST

Der Leitsatz der Waage lautet (wie könnte es anders sein!): »Ich wäge ab!« Waagegeborene können es aber mit dem Abwägen auch übertreiben und sind dann unentschlossen. Ihre Fähigkeit, ein Problem von zwei Seiten zu sehen, hält sie davon ab, zu handeln und den eingeschlagenen Kurs auch beizubehalten.

Die Waage ist das Zeichen von Gleichgewicht, Gerechtigkeit und Harmonie. Die unter ihrem Einfluss Geborenen sind diplomatisch, gesellig, friedliebend und freundlich.

WAAGE

Die von Venus beherrschte Waage ist ein ästhetisches und sinnliches Zeichen. Waagegeborene fühlen sich von Schönheit in jeder Form angezogen. Die Waage wird wie alle Tierkreiszeichen in drei Dekaden mit jeweils eigenen Charakteristika unterteilt. Sie reichen vom 24.9. bis 3.10., vom 4. bis 13.10. und vom 14. bis 23.10. Alle Waagen können ihre persönliche Bestimmung nur im Kontakt mit anderen erfüllen.

Typische Waagegeborene sind liebenswürdige, charmante Menschen. Sie sind überzeugt, dass niemand allein sein sollte. Gewöhnlich besitzen sie auch eine ganz besondere körperliche Anmut und eine große Anziehungskraft.
Den einzelnen Tierkreiszeichen werden bestimmte Farben, Pflanzen und Tiere zugeordnet, die als Glücksbringer gelten. Die Farben der Waagegeborenen sind Nachtblau, Rauchgrau und Kirschrot, von den Düften werden ihnen Jasmin und Gardenie zugesprochen; ihr Edelstein ist der klare, blaue Saphir, ihre Blumen sind das Veilchen und die Azalee. Der Setter, die Taube und der Lachs sind die ihnen zugeordneten Tiere, und ihr Glückstag ist der Freitag.

Menschen deiner Dekade

Die dritte Waagedekade verbindet man traditionell mit dem Sternbild Corona Borealis, der nördlichen Krone. Die in dieser Zeit Geborenen besitzen die Fähigkeit, andere aufgrund ihres Charmes und ihrer Redegewandtheit in ihren Bann zu ziehen.

Auf musikalischem Gebiet ragen hier der Rock-and-Roll-Pionier **Chuck Berry** (18. Oktober 1931) und

der bekannte ungarische Komponist **Franz Liszt** (22. Oktober 1811, Abb. o.), der Meister dichterischer Erzählkunst auf dem Klavier, hervor.

Neben dem amerikanischen Lexikografen **Noah Webster** (16. Oktober 1758; Abb. S. 15 o.), der ein Wörterbuch erstellte, mit dem er dem amerikanischen Englisch endlich zu Anerkennung verhalf, gelangte vor allen Dingen **Pierre Larousse** zu Ruhm (23. Oktober 1817). Er wollte als Herausgeber eines umfangreichen Lexikons, das

noch heute geschätzt wird, breiten Bevölkerungsschichten Bildungsmöglichkeiten eröffnen.

Auch viele berühmte Personen aus der Welt der Literatur und der Philosophie wurden in dieser Dekade geboren: der römische Dichter **Vergil** (15. Oktober 70); der deutsche Philosoph **Friedrich Nietzsche** (15. Oktober 1844); der extravagante irische

MENSCHEN DEINER DEKADE

Schriftsteller **Oscar Wilde** (16. Oktober 1854), Autor des bekannten Werks »Das Bildnis des Dorian Gray«; der französische Lyriker **Arthur Rimbaud** (20. Oktober 1854, Abb. re.), der die Feder bereits mit 19 Jahren beiseite legte; und **Italo Calvino** (15. Oktober 1923), der italienische Erzähler, dessen groteske Werke der zeitgenössischen Literatur eine spielerische Note verliehen. Die dritte Waagedekade brachte aber auch viele Künstler hervor: den japanischen Meister des Farbholzschnitts, **Hokusai** (21. Oktober 1760), dessen Fudschijama-Ansichten weltberühmt sind; den amerikanischen Modeschöpfer **Ralph Lauren** (14. Oktober 1939), der mit seiner Polokollektion Schick mit Lässigkeit verband; den Sciencefictionautor und Filmregisseur **Michael Crichton** (23. Oktober 1942), der mit »Jurassic Park« berühmt wurde; **Christopher Wren** (20. Oktober 1632), der die St.-Pauls-Kathedrale erbaute und für den Umbau von Kensington Palace verantwortlich zeichnete; und die Schauspielerin **Rita Hayworth** (17. Oktober 1918), die als »Gilda« in Charles Vidors gleichnamigem Film (1946) in Erinnerung bleibt. Daneben muss in dieser dritten Waagedekade aber auch eine Ausnahmesportlerin Erwähnung finden: die Tennisspielerin **Martina Navratilova** (18. Oktober 1956), der es im Lauf ihrer Karriere gleich neunmal gelang, den Titel im Damen-Einzel im englischen Wimbledon zu gewinnen.

Ein aussergewöhnlicher Mensch

Am 21. Oktober im Jahr 1833 kam der schwedische Chemiker und Industrielle Alfred Nobel zur Welt. Ihm gelang 1867 die Herstellung des relativ leicht zu handhabenden Sprengstoffs Dynamit, mittels dessen Sprengkraft auch größere Tunnelprojekte möglich wurden. 1895 legte Nobel, der durch das Dynamit sehr reich geworden war, in seinem Testament fest, dass der größte Teil des jährlichen Ertrages seines Vermögens für die neu gegründete Nobelstiftung ver-

Alfred Nobel, der bereits in jungen Jahren in der väterlichen Fabrik für Torpedos der kaiserlich-russischen Marine in St. Petersburg gearbeitet hatte, beschäftigte sich auch nach seiner Rückkehr nach Schweden mit Explosivem, diesmal mit Sprengstoffen. Neben dem Dynamit entdeckte er auch die Sprenggelatine und das Nitroglyzerinpulver. Der auf diese Weise gewonnene Reichtum sollte mittels seiner Nobelstiftung zum großen Teil der Menschheit zugute kommen, denn neben den Nobelpreisen für Chemie, Physik, Medizin und Literatur wird jedes Jahr auch ein Preis für Verdienste um den Erhalt des Friedens vergeben. Den ersten Nobelpreis für Physik erhielt im Jahr 1901 Wilhelm Conrad Röntgen für seine Entdeckung der Röntgenstrahlen.

21. OKTOBER

Alfred Nobel wendet werden solle. Alljährlich werden seitdem fünf Preise an Persönlichkeiten vergeben, die »der Menschheit im vergangenen Jahr den größten Nutzen geleistet« haben. Unabhängig von Nationalität oder Geschlecht werden seit 1901, immer am 10. Dezember, dem Todestag Nobels, in Stockholm die Nobelpreise verliehen.

An diesem ganz besonderen Tag

Am heutigen Tag im Jahr 1984 wurde der Österreicher **Niki Lauda** zum dritten Mal Formel-1-Weltmeister. Nachdem er sich 1978 vom Rennsport verabschiedet hatte, war er zurückgekehrt, um sich den Titel, den er bereits 1975 und 1977 erworben hatte, noch einmal zu holen (ohne Abb.).

Am 21. Oktober 1931 starb **Arthur Schnitzler**, ein österreichischer Schriftsteller, der ursprünglich Arzt gewesen war und als einer der meistgespielten deutschsprachigen Dramatiker vor 1914 bekannt wurde. Sein literarisches Werk wurde durch die Bekanntschaft mit Sigmund Freud nachhaltig geprägt: Der Dichter verstand es meisterhaft, die Innenwelt der Figuren mit ihren Träumen und unbewussten Trieben darzustellen.

Heute im Jahr 1879 gelang dem amerikanischen Erfinder Thomas Alva Edison endlich, woran er seit Monaten mit seinen Mitarbeitern getüftelt hatte: Er brachte das »verflixte elektrische Licht« zum Brennen. Ein halbes Jahrhundert später, am 21. Oktober 1929, gratulierte der weltberühmte Physiker Albert Einstein dem pfiffigen Erfinder von Berlin aus über Rundfunk zum

50-jährigen **Jubiläum der Glühbirne**. 15 Millionen Menschen hörten dabei zu.

An diesem Tag im Jahr 1940 erschien **Wem die Stunde schlägt**, einer der bekanntesten Romane des Schriftstellers Ernest Hemingway (Abb. S. 19 o.). Den Titel für diese Liebesgeschichte, die im spanischen Bürgerkrieg spielt, entnahm Hemingway den »Andachtsübungen« des englischen Dichters John Donne. Dort heißt es: »Lass niemals danach fragen, wem die Stunde schlägt; sie schlägt dir!«

21. Oktober

1909, am 21. Oktober, wurde der **Halleysche Komet** erneut im Observatorium von Cambridge gesichtet, nachdem man ihn zuletzt im Jahr 1835 von der Erde aus hatte beobachten können. Der nach dem britischen Astronomen Edmund Halley benannte Komet war seit dem Jahr 239 v. Chr. bereits regelmäßig beobachtet worden.

Am heutigen Tag des Jahres 1805 fand die berühmte **Seeschlacht von Trafalgar** statt, in der die britische Flotte unter der Leitung des gefürchteten Admirals Horatio Nelson die vereinigte französisch-spanische Flotte schlug. Damit war die britische Vorherrschaft zur See gesichert. Admiral Nelson, der mit seinem Sieg Napoleons Hoffnungen zunichte machte, Großbritannien erobern zu können, zahlte allerdings einen hohen Preis: Noch am selben Tag erlag er seinen Verletzungen. Während die Schlacht tobte, hatte Nelson in vollem Ornat auf Deck gestanden und damit ein gutes Ziel für seine Feinde abgegeben.

Ein Tag, den keiner vergisst

Papst Urban II. hatte im Jahr 1095 auf der Synode von Clermont verkündet, es sei Gottes Wille, die Ungläubigen zu bekämpfen und das Heilige Land von ihnen zu befreien. Damit hatte er zum ersten Kreuzzug aufgerufen. Die Teilnehmer versprachen sich von dieser Mission den Erlass ihrer Sünden, einen Platz im Himmel, Reichtum oder auch nur ein Abenteuer. Im Oktober machten sie sich auf den langen Weg und hinterließen eine Spur von Zerstörung und Tod. Vor der uralten syrischen Stadt Antiochia verbrachten sie mehr als ein halbes Jahr, während dem sie von Schiffen aus Europa verpflegt wurden. Im Juli 1098 erstürmten sie

21. OKTOBER

Am 21. Oktober 1098, ungefähr drei Jahre, nachdem Papst Urban II. die abendländische Christenheit zum ersten Kreuzzug aufgerufen hatte, standen die Kreuzfahrer vor den Toren von Antiochia. Im Sommer des folgenden Jahres erstürmten sie die Stadt und begannen ein unvorstellbares Gemetzel.

schließlich die Stadt und massakrierten fast die gesamte aus Moslems und Juden bestehende Bevölkerung. Dann wandten sich die so genannten *Soldaten des Friedens* gen Jerusalem, ihrem eigentlichen Ziel.

ENTDECKT & ERFUNDEN

Jeden Monat werden Erfindungen gemacht, die unser Alltagsleben verändern. Auch der Oktober bildet da keine Ausnahme.

Im Oktober des Jahres 1582 trat ein neuer Kalender in Kraft, der nach seinem Initiator, Papst Gregor XIII., noch heute **Gregorianischer Kalender** genannt wird. Er ersetzte den bis dahin gültigen Julianischen Kalender, den der römische Staatsmann Julius Cäsar 46 v. Chr. eingeführt hatte. Der neue Kalender war notwendig geworden, nachdem man erkannt hatte, dass der alte pro Jahr um etwa 11 Minuten und 14 Sekunden vorauseilte. Dies hatte sich im Lauf der Jahrhunderte immerhin zu mehreren Tagen aufaddiert. Deshalb ordnete Papst Gregor nach Beratungen mit Gelehrten an, dass auf den 4. Oktober des Jahres 1582 unmittelbar der 15. Oktober folgen sollte. Dieser neue Kalender wird erst nach 3.000 Jahren um einen Tag vom Lauf der Sonne abweichen. Die katholischen Länder übernahmen den neuen Kalender sofort, in den protestantischen wurde er hingegen nur sehr zögerlich eingeführt. Auf wen der am 21. Oktober 1848 erstmals öffentlich aufgeführte **Cancan** zurückgeht, ist nicht genau bekannt. Jedenfalls war das Pariser Publikum von diesem Tanz, bei dem die Tänzerinnen in einer für die damalige Zeit äußerst freizügigen Art ihre Beine hochwarfen und ihre Röcke schürzten, begeistert.
Thomas Alva Edison, der bedeutende Erfinder des 19. Jahrhunderts, notierte am 21. Oktober 1879 in seinem Protokollbuch: »Heute erblicken wir endlich das,

OKTOBER

was wir uns schon so lange erhofft hatten« – gemeint war die **Glühbirne**! Die erste leuchtete mehr als 13 Stunden, dann zersprang das Glas. »Nachdem sie so lange gebrannt hat, kann ich sie auch so weiter entwickeln, dass sie 100 Stunden brennt!«, sagte Edison, womit er Recht behalten sollte. Am 10. Oktober 1886 schockierte der Tabakerbe Griswold Lorillard die anderen Gäste beim Herbstball des New Yorker Tuxedo Park Country Clubs mit einer Modeneuheit: Er erschien in einem Jackett ohne die üblichen Frackschöße. Schon bald hielt dieses kurze Jackett, das in Amerika **Tuxedo** genannt wurde, als Smoking Einzug in die feineren Gesellschaftskreise. In England war der Smoking damals zwar schon bekannt, doch er durfte nur bei Herrenabenden getragen werden. Im Jahr 1836, am 24. Oktober, meldete

Alonzo Phillips das Patent für die ersten **Streichhölzer** für Amerika an. Sie ließen sich dadurch entzünden, dass ein in Schwefel getränkter Holzspan über Sandpapier gerieben wurde. Allerdings haben sie wenig mit den heutigen Sicherheitszündhölzern gemein, die 1845 in Schweden entwickelt wurden (daher auch der Name »Schwedenhölzer«). Auch die Streichholzschachteln wurden dort erfunden (1866).

Im Rhythmus der Natur

Der Herbst ist nicht nur die Jahreszeit der Nebelschleier, sondern auch eine Periode der Veränderung. Die Tier- und Pflanzenwelt der Nordhalbkugel bereitet sich auf den nahenden Winter vor. In Scharen versammeln sich die Zugvögel auf den Bäumen oder lassen sich auf Stromleitungen nieder, bevor sie zu ihrer langen Reise in wärmere Gefilde aufbrechen.

Der Zug der Kraniche, die bei der Migration Tag und Nacht unterwegs sind, ist ein unvergesslicher Anblick. Sie fliegen in großen Gruppen, und zwar meist in Keilformation. Langsam ziehen die majestätischen Vögel vorbei und erfüllen die Luft mit ihrem traurigen und beunruhigenden Schrei. Sie können enorme Entfernungen zurücklegen und machen unterwegs nur an bestimmten Rastplätzen Halt. Für die Japaner ist der Kranich ein Symbol der Weisheit. Bei der winter-

lichen Balz zeigt er sein schönes, im Schnee auffallendes schwarzweißes Gefieder. Von diesem Anblick haben sich zahllose japanische Künstler inspirieren lassen. Auch der Monarch, ein Schmetterling, legt riesige Strecken zurück. Vor dem Einsetzen des Winters reist er bis zu 4.800 Kilometer weit von Kanada in das sonnige Klima von Mexiko, wobei er die Luftströmungen ausnutzt und immerzu auf der Suche nach Nahrung ist.

Wenn im Spätherbst die Tage kürzer werden, werfen die Bäume ihre Blätter ab, um den Winter besser überstehen zu können. Der grüne Blattfarbstoff Chlorophyll, der es den Pflanzen ermöglicht, chemische Energie in ihren Blättern zu speichern, wird dann nicht mehr gebildet. Daher schlagen nun rote und braune Farbstoffe durch, und das Laub schillert in herbstlicher Pracht. Der Zellsaft kann die Blätter nicht mehr erreichen; sie sterben ab, damit die Bäume weiterleben können. Die meisten Nadelbäume behalten ihre Nadeln jedoch, da diese kleiner sind und dadurch der Kälte und dem Lichtmangel besser widerstehen können. Deshalb sind Nadelbäume im Gegensatz zu Laubbäumen gewöhnlich immergrün.

So feiert die Welt

Im Herbst machen sich bier- und geselligkeitsliebende Menschen von überall her auf den Weg zum Münchner Oktoberfest, das immer am letzten Samstag im September beginnt und zwei Wochen dauert. Zur Eröffnung findet ein Trachtenumzug mit geschmückten Bierwagen statt, der durch die Innenstadt bis zur Festwiese führt. Dem Oberbürgermeister Münchens fällt die ehrenvolle Aufgabe zu, das erste Faß anzuzapfen, und wenn es dann heißt »O'zapft is!«, können die Bierkrüge gestemmt werden (Abb. u.).

Die Juden feiern im Oktober das Laubhüttenfest, eine siebentägige Erntedankfeier. In diesem Zeitraum nehmen sie ihre Mahlzeiten in eigens hierfür errichteten Hütten ein (Abb. li.).

Im thailändischen Phuket begeht man zu dieser Zeit ein neuntägiges vegetarisches Fest (Ende September oder im Oktober), das eine Art taoistisches Fasten darstellt. Die Gläubigen dort kasteien sich außerdem noch in erstaunlicher Weise: Sie laufen über glühende Kohlen, lassen sich Wangen und Zunge durchstechen oder sich an Haken aufhängen, die in die Haut des Rückens gebohrt werden.

Im Vergleich dazu wirkt Halloween (31. Oktober) harmlos: Am Abend vor Allerheiligen gehen die Kinder in englischsprachigen Ländern verkleidet von Haus zu Haus und sammeln mit dem Spruch »trick or treat« Süßigkeiten ein. Wer ihnen nichts gibt, dem spielen sie einen Streich (Abb. S. 27 re.).

Die Eskimos begehen im Oktober ein Fest zu Ehren der Seehunde, mit dem sie der Seelen der erlegten Tiere gedenken. In der ersten Nacht des Festes wird eine Harpune neben einer Tranlampe aufgestellt. Dadurch bleibt die Seele des Seehunds, die in der Harpunenspitze ruhen

FESTE IM OKTOBER

soll, warm. Drei Tage lang ist jede Arbeit verboten. Danach werden die Blasen aller Seehunde, die im zurückliegenden Jahr gefangen wurden, in einem Eisloch versenkt.
In Australien herrscht zu dieser Zeit Frühling, und in der Stadt Bowral wird das Tulpenfest gefeiert. Über 60.000 Blüten verwandeln die Parks und Gärten in ein Meer von Farbe.
Die Marokkaner begehen im Oktober Fantasia, ein Fest zu Ehren der Kraft und Schönheit ihrer Pferde. Dabei steigen Bauern auf reich geschmückte Pferde, rasen auf ein Signal hin geschlossen auf die Zuschauer zu und bleiben im letzten Moment stehen, so dass die Tiere sich aufbäumen. Dann wird getanzt und gesungen (Abb. li.).

Die Idee für den Tag

Material:

Kürbis:
Messer, Löffel, Kernausstecher, Bleistift, Teelichter

Suppe:
Kürbisfleisch, Öl, Currypulver, Gemüsebrühe, Sahne, Salz, Pfeffer, Croutons

1. Kürbis schneiden
Von einem großen Kürbis das obere Drittel oder Viertel waagrecht mit einem scharfen Messer abschneiden. Mit einem Löffel oder Eiskugelformer das Fruchtfleisch herauskratzen und in eine Schüssel geben.

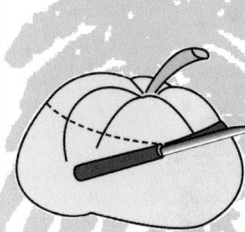
❶ Kürbis schneiden

2. Gesicht aufmalen und schneiden
Mit einem Bleistift das Gesicht und die Haare in Zackenform aufmalen und anschließend mit einem scharfen Messer herausschneiden. Für Rundungen eignet sich ein Ausstecher für Kerngehäuse besonders gut. Mehrere Teelichter in das Innere stellen.

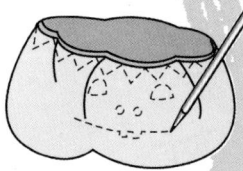
❷ Gesicht aufmalen

3. Kürbiscremesuppe kochen
Eine klein geschnittene Zwiebel in 3 EL Öl anbraten. 1 EL Currypulver darüber stäuben, ca. 500 g Kürbisstücke dazugeben und 5 Minuten braten. Mit 1 l Gemüsebrühe aufgießen, 15 Minuten köcheln lassen. Kürbisstücke pürieren und mit 0,25 l Sahne verfeinern. Mit Salz und Pfeffer abschmecken, zum Servieren Croutons darüber streuen.

Nicht nur Gesichter, auch Tiere, Blüten oder Blätter lassen sich als Muster aus dem Kürbis herausschneiden.

❸ Suppe kochen

KÜRBISKOPF MIT KERZEN UND KÜRBISCREMESUPPE

Oktoberwind

Wir sind im Oktober geboren,
im Gold der Blätter,
im Rot des Weines,
im Tau auf den Wiesen.

Mal ehrlich: Der Drachen wartet im Keller,
und die Stoppeln auf dem Feld
zerkratzen einem die Beine...
Aber wer kann schon nein sagen
zum Oktoberwind?